Analiza książki

AF142088

Zniknięcie Stephanie Mailer

• • • • • • • • • • • • • • • • •

Joël Dicker

ANALIZA KSIĄŻKI

Napisany przez Morgane Fleurot
Przetłumaczony przez Kâmil Kowalski

Zniknięcie
Stephanie Mailer

JOËL DICKER

JOËL DICKER

SZWAJCARSKI PISARZ

- **Urodzony w 1985 roku w Genewie**
- **Niektóre z jego prac:**
  - *Ostatnie dni naszych ojców* (2010), powieść
  - *The Truth About Harry Quebert* (2012), powieść
  - *The Baltimore Book* (2015), powieść

Joël Dicker to młody autor na dorobku. Początkowo absolwent prawa na Uniwersytecie Genewskim, a wcześniej attaché parlamentarnego w Szwajcarii, obecnie poświęca się swojej pasji: pisaniu. Jego druga powieść, *The Truth About Harry Quebert* (2012), która zdobyła Nagrodę Goncourtów dla uczniów szkół średnich, sprzedała się w 5 milionach egzemplarzy i została przetłumaczona na 40 języków. Po pierwszej powieści historycznej (jego bohaterowie są tajnymi agentami SOE) pisarz chciał spróbować swoich sił w pisaniu thrillera w amerykańskim stylu.

Wydany przez De Fallois od swojej pierwszej książki (2010), Joël Dicker złożył hołd swojemu wydawcy (który zmarł 2 stycznia 2018 roku) w tej najnowszej powieści, *Zniknięcie Stephanie Mailer*.

ZNIKNIĘCIE STEPHANIE MAILER

ZIMNA SPRAWA W GIGOGNE

- **Gatunek:** powieść kryminalna
- **Wydanie referencyjne:** *La disparition de Stephanie Mailer*, Paris, Éditions de Fallois, 2018, 640 s.
- Pierwsze **wydanie:** 2018 r.
- **Tematyka:** thriller, zaginięcie, morderstwo, suspens, przedmieścia Nowego Jorku, śledztwo, teatr, powieść tajemnicza

Zniknięcie Stephanie Mailer to gęsta powieść w klimacie amerykańskiego thrillera. Joël Dicker wraca do sukcesu swojej drugiej książki, *Prawdy o Harrym Quebercie*, i osadza akcję w Stanach Zjednoczonych, kilka godzin od Nowego Jorku w Hamptons. Tym razem jednak to nie Nola Kellergan zniknęła, lecz Stephanie Mailer, wybitna dziennikarka, która prowadziła śledztwo w sprawie sprzed dwudziestu lat, dotyczącej festiwalu teatralnego i poczwórnego morderstwa. Choć recenzje są mieszane, Joël Dicker powtarza jednak wyczyn skutecznego *page-turnera*.

STRESZCZENIE

1993-1994

Orphea, małe miasteczko w Hamptons, około 100 kilometrów od Nowego Jorku, jest pod kciukiem swojego burmistrza, Josepha Gordona. Egzekwuje on prawo, biorąc łapówki od mieszkańców, gdy tylko wymagają oni zgody ratusza na swoją działalność. Jak zwykle Gordon próbuje przekupić Teda Tennenbauma, młodego człowieka o imponującej budowie i duchu walki, ale ten ostatni stawia mu opór: ma w planach budowę swojej restauracji, Café Athena, i zamierza nie ulec szantażowi burmistrza.

W tym samym czasie Ted Tennenbaum ma kłopoty z kingpinem Jeremiahem Foldem, alfonsem i handlarzem narkotyków, którego dotkliwie pobił i upokorzył, a który od tego czasu szantażuje go groźbą spalenia jego restauracji i domu. Jeremiah zaczął rekrutować swoje muły, zwane "sługami", za pomocą oryginalnej, choć niekonwencjonalnej metody: prostytuując piękną Myllę, nieletnią dziewczynę, i szantażując jej klientów. Jednak męka wszystkich zostaje skrócona, gdy Jeremiah ginie tragicznie w gwałtownym wypadku drogowym w 1994 roku.

Meghan Padalin jest młodą pracownicą księgarni mieszkającą w Orphei; kiedy słyszy o szantażu ze strony ratusza, co noc grozi Gordonowi ustnie i donosi na niego zastępcy burmistrza, Alanowi Brownowi, wykonując do niego anonimowy telefon. Wikła się również w pozamałżeński romans z krytykiem Metą Ostrovskim, który jest w niej szaleńczo zakochany.

30 LIPCA 1994 R.

W noc otwarcia pierwszego festiwalu Orphea dochodzi do poczwórnej strzelaniny: do rodziny Gordonów (burmistrza, jego żony i ich syna) oraz do Meghan Padalin, rzekomo wstydliwego świadka sceny.

Ted Tennenbaum jest szybko podejrzewany przez policję: jego furgonetka była widziana przed domem burmistrza w czasie morderstw, całe miasto wie o jego różnicach z Gordonem, a przede wszystkim policja wie na pewno, że jest on w posiadaniu pistoletu Berreta, który miałby być narzędziem zbrodni.

Detektyw Jesse Rosenberg i sierżant Derek Scott zostają postawieni na czele śledztwa i udaje im się zebrać istotne dowody prowadzące do aresztowania Tennenbauma. Tennenbaum zostaje następnie złapany i zabity w pościgu samochodowym z policją, podczas którego ginie również narzeczona Jessego – Natasha. Po śmierci głównego podejrzanego sprawa zostaje zamknięta.

2013-2014

Policjantka Anna Kanner rozwodzi się z mężem i przenosi z Nowego Jorku na przedmieścia, do spokojnego miasteczka Orphea. Zostaje wprowadzona do komisariatu jako zastępca szefa policji, gdyż burmistrz Brown obiecał jej posadę szefa, gdy ten przejdzie na emeryturę.

W tym samym czasie, w Nowym Jorku, młoda Dakota Eden zostaje wplątana w sprawę molestowania moralnego, popychając do samobójstwa Tarę, jedną z koleżanek z klasy. Dakota rzekomo wzięła odwet po tym, jak Tara usunęła ze swojego komputera cenny plik: sztukę, którą pisała przez cały rok.

Steven Bergdorf, redaktor *New York Review of Letters*, przeżywa namiętny romans z Alice Filmore, swoją pracownicą. Ona nieświadomie próbuje go zrujnować swoimi kosztownymi żądaniami, podczas gdy Steven stara się ukryć romans przed żoną.

LATO 2014 PRZED PIERWSZYM

Kiedy przygotowuje się do przejścia na wcześniejszą emeryturę, do Jesse Rosenberga zgłasza się młoda dziennikarka, która mówi mu, że nazywa się Stephanie Mailer i że zajmuje się sprawą poczwórnego morderstwa z 1994 roku. Mówi mu, że ma nowe informacje: według niej sprawcą nie jest Ted Tennenbaum. Po tajemniczym zniknięciu Stephanie, Jesse postanawia wznowić śledztwo z 1994 roku i dzwoni do Dereka, swojego ówczesnego partnera. Pomoże im również Anna, jedyna policjantka z komisariatu w Orphei, którą intryguje ta sprawa. Kiedy ciało zaginionego dziennikarza zostaje znalezione utopione, trójka bohaterów umacnia się w swojej pewności: dwadzieścia lat później morderca z 1994 roku wciąż jest na wolności i obawia się odkrycia.

Kiedy próbują dostać w swoje ręce policyjny raport z tamtych czasów, odkrywają, że zniknął: tam, gdzie powinien, znajduje się pojedyncza kartka papieru z enigmatycznymi słowami "THE DARK NIGHT". Ta ciemna noc nawiązuje do sztuki napisanej przez Kirka Harveya, szefa policji Orphea w czasie wydarzeń z 1994 roku. Zapytany Harvey jest tajemniczy i obiecuje, że ujawni nazwisko sprawcy, jeśli jego sztuka zostanie wystawiona na dwudziestym festiwalu teatralnym kilka dni później. Burmistrz Brown przychyla się do jego prośby i Kirk przesłuchuje swoich aktorów: wybiera Jerry'ego i Dakotę Eden, ojca i jego przygnębioną córkę, którzy przejeżdżają przez Orphea; Stevena Bergdorfa (byłego redaktora lokalnej gazety *The Orphea Chronicle*) i jego kochankę Alice; Gullivera, obecnego szefa policji; Samuela Padalina, wdowca po Meghan; i wreszcie Ostrovskiego, słynnego krytyka. Rekrutuje również Charlotte Brown, żonę burmistrza, która szybko zostaje przesłuchana, ponieważ nowy świadek widział ją, jak prowadziła furgonetkę Tennenbauma w noc morderstwa; później zostaje oczyszczona, ale pozostaje podejrzana. Michael Bird, redaktor *kronik Orphea*, zostaje przydzielony do relacjonowania wydarzenia od środka i uczestniczy we wszystkich próbach, które są utrzymywane w tajemnicy. Kiedy Dakota zostaje zastrzelona w momencie, gdy jej postać ma ujawnić nazwisko sprawcy z 1994 roku, wszyscy aktorzy znajdują się w kręgu podejrzeń. Kirk Harvey ujawnia wtedy, że nie miał pojęcia, kto jest sprawcą i miał nadzieję, że ujawni się on podczas przedstawienia.

LATO 2014 PO PIERWSZYM

Analizując położenie ciała Meghan Padalin, Anna, Jesse i Derek odkrywają, że to ona w rzeczywistości była zamierzoną ofiarą w 1994 roku, a burmistrz i jego rodzina byli jedynie niefortunnymi świadkami zdarzenia. Odzyskują pamiętniki Meghan z posiadłości jej męża, a kiedy je czytają, śledztwo robi ważny krok naprzód: nie było jednego, ale dwóch morderców, którzy się zamienili. Burmistrz Gordon chciał zamordować Meghan Padalin, ponieważ stanowiła zagrożenie dla jego skorumpowanych interesów, więc pozwolił, by zrobił to ktoś inny, podczas gdy on zajął się Jeremiah Foldem. Musimy więc dowiedzieć się, kto chciał śmierci Jeremiaha, aby złapać zabójcę Meghan, burmistrza i Stephanie Mailer.

Annie, ponieważ rozpoznaje ją na fotografii, udaje się zdemaskować Myllę, byłą prostytutkę Jeremiasza, która po śmierci swojego oprawcy przyjęła swoją prawdziwą tożsamość i obecnie jest żoną Michaela Birda. Michael, były "stoik" Jeremiasza, był szaleńczo zakochany w Mylli. Zaplanował więc zamach na ich oprawcę i sprzymierzył się z Tedem Tennenbaumem, który również chciał pozbyć się szantażysty. To Ted wpada na pomysł wymiany z burmistrzem Gordonem i układa genialny fortel: jako jedyny wie, kim są dwaj mordercy i powierza im nazwiska ofiar za pomocą zakodowanej wiadomości w dwóch książkach z księgarni. Rozumiejąc, że jest podejrzany, Michael próbuje pozbyć się Anny, która jest bliska końca, ale *w ekstremum* ratują ją Jesse i Derek. Sprawca ostatecznie przyznaje się do morderstw z 1994 i 2014 roku.

STUDIUM POSTACI

ZESPÓŁ POLICYJNY

Jesse Rosenberg

Główny bohater historii, Jesse jest kapitanem w nowojorskiej policji stanowej i na początku powieści, mając zaledwie 45 lat, ma zamiar przejść na emeryturę. Błyskotliwy, jak przyznają jego koledzy, jest też przystojny. Mimo niezaprzeczalnych atutów, Jessego prześladuje śmierć jego narzeczonej Natashy, śmierć, która wydaje się mieć związek ze sprawą z 1994 roku. Z pewnością to właśnie ten powód popycha go do ponownego otwarcia tej sprawy dwadzieścia lat później, mimo że została ona rozwiązana.

Derek Scott

Derek Scott to były kolega Jesse'ego z drużyny w polu. Po sprawie z 1994 roku przeszedł na emeryturę i nadal pracuje w policji stanowej, ale w dziale administracyjnym, gdzie nudzi się sztywno. Żonaty z Darlą i posiadający rodzinę, nie waha się wznowić śledztwa z 1994 roku, nawet jeśli może to zasmucić jego rodzinę.

Anna Kanner

Po rozwodzie Anna przeprowadziła się do Orphea, gdzie pełni funkcję drugiego zastępcy komendanta Departamentu

Policji w Orphea. Wcześniej była negocjatorem w nowojorskiej policji stanowej, odeszła ze stanowiska po przypadkowym zabiciu zakładnika. Jest jedyną kobietą w komisariacie Orphea i jako taka jest najpierw podziwiana, a potem odrzucana przez swoich kolegów. Wizualnie bardzo atrakcyjna, wielokrotnie mówi się, że Anna magnetycznie przyciąga wzrok, gdy przechodzi. Natychmiast zaalarmowana zniknięciem Stephanie Mailer, dołącza do zespołu utworzonego przez Jesse'ego i Dereka w celu zbadania sprawy z 1994 roku. Jej pomoc okaże się nieoceniona: sumienna, młoda kobieta lubi zaskakiwać swoją skutecznością.

Ron Gulliver

Guliwer jest szefem policji w Orphei i przełożonym Anny. Ma duże ciało i niezrównoważoną dietę. Z natury wulgarny i nieprzyjemny, niechętnie bierze udział w śledztwie. Ponadto interesuje się tylko sobą, gdyż w trakcie śledztwa rezygnuje (s. 429), aby móc wziąć udział w sztuce Kirka Harveya w ramach festiwalu teatralnego.

Jasna Góra

Jasper Montagne jest zastępcą komendanta policji w Orphea, podobnie jak Anna, i obawia się, że jego kolega pokona go na stanowisku nowego szefa policji. Jego lodowata budowa ciała (zgodnie z nazwiskiem) dorównuje jedynie złej wierze: w tym przypomina Wodza Guliwera, którego wydaje się "godnym" następcą.

Major McKenna

Major jest bezpośrednim szefem Jesse'ego i Dereka w policji stanowej. Jego impulsywny temperament sugeruje karierę wojskową. Choć surowy i bezkompromisowy, wydaje się lubić zespół i regularnie daje im dodatkowy czas na dokończenie śledztwa.

Kirk Harvey

Kirk Harvey był szefem policji w Orphea w momencie popełnienia poczwórnego morderstwa w 1994 roku; wkrótce po sprawie opuścił w pośpiechu miasto. Dwadzieścia lat później jest "szaleńcem" (s. 351), który mieszka w Los Angeles i mówi każdemu, kto będzie słuchał, w tym aspirującym aktorom, że pisze "sztukę stulecia". Na prośbę burmistrza Browna wraca do Orphei, by pomóc w rozwiązaniu śledztwa, ale co ważniejsze, by wreszcie przenieść na scenę swoje arcydzieło. Jest to postać ekstrawagancka, która przyczynia się do komicznego odciążenia powieści. Potrafi też być kłamcą i obłudnikiem.

LUDZIE Z ORPHEA

Charlotte Brown

Dawniej dziewczyna Kirka Harveya, a kiedyś aktorka, Charlotte grała główną rolę w sztuce *Wujaszek Wania,* która otwierała pierwszy festiwal Orphea Theatre. Piękna i uśmiechnięta, jest teraz żoną burmistrza Browna i pracuje w klinice weterynaryjnej. Szybko zostaje wciągnięta w śledztwo, gdyż w czasie morderstwa w 1994 roku była nieobecna w teatrze na kilka minut przed spektaklem.

Alan Brown

Alan Brown, jako burmistrz miasteczka, szybko angażuje się w śledztwo i często pojawia się w powieści. Charakteryzuje go przede wszystkim wyraźna wrogość do kapitana Rosenberga, przeciwko któremu się wyładowuje. W czasie afery w 1994 roku był zastępcą burmistrza i został przedwcześnie usunięty ze stanowiska, choć istnieją dowody, że brał udział w zorganizowanej ucieczce burmistrza Gordona, której zapobiegło jego zabójstwo.

Michał Ptak

Michael jest redaktorem *kroniki Orphea*, dziennika miejskiego. Zastąpił Stevena Bergdorfa na stanowisku redaktora gazety, gdy Bergdorf opuścił gazetę krótko po morderstwach w 1994 roku. Był też ostatnim pracodawcą Stephanie Mailer. Wykazuje wielką chęć podczas śledztwa, a nawet użycza swojego lokalu ekipie policyjnej, gdy ta nie czuje się już bezpiecznie na posterunku.

Miranda Bird

Różnica wieku między nimi jest znacząca: ona jest od niego o kilka lat młodsza. Jej przeszłość jest dyskretnie ekshumowana przez policję, kiedy odkrywają, że została użyta jako przynęta przez Jeremiasza Folda, aby zwerbować jego stooges. W końcu okazuje się, że jest zupełnie nieświadoma przeszłych i obecnych działań męża.

Cody Illinois

Sąsiad i przyjaciel Anny, był pierwszym, który okazał jej uczucie, gdy przyjechała do miasta. Z zawodu jest księgarzem, a przed zamordowaniem, gdy w 2014 roku wznowiono śledztwo, jest cennym wsparciem i świadkiem historii i obyczajów panujących w mieście w 1994 roku: prowadził już wtedy księgarnię i miał za pracownika Meghan Padalin.

OFIARY

Meghan Padalin

Pierwsza postać, która pojawia się w powieści, Meghan jest początkowo postrzegana jako poboczna ofiara morderstwa z 1994 roku, niewygodny świadek, którego należy wyeliminować. Okazuje się, że to ona była głównym celem.

Stephanie Mailer

Tytułowa bohaterka, Stephanie, pojawia się tylko na krótko na początku historii, gdy przyjeżdża do Nowego Jorku i wzbudza ciekawość Jessego, wyjawiając mu, że wykryła błąd w ich śledztwie z 1994 roku. Najpierw zatrudniona w *New York Review of Letters*, potem pracuje w *Orphea chronicle,* zanim zostaje znaleziona utopiona w pobliżu Orphea. Ten ostatni element potwierdził policjantom konieczność ponownego zajęcia się sprawą z 1994 roku.

Józef Gordon

Zamordowany w Orphea w 1994 roku wraz z całą rodziną, Gordon był wówczas burmistrzem miasta. Podczas śledztwa w 2014 roku policja odkrywa jego udział w sprawach korupcyjnych, które dałyby solidny motyw wielu mieszkańcom miasteczka. Jest on w rzeczywistości ofiarą poboczną, niefortunnym świadkiem morderstwa Meghan Padalin.

Natasza Darrinski

Natasha była narzeczoną Jessego i znakomitą kucharką u progu realizacji marzenia o otwarciu własnej restauracji. Tragicznie zginęła podczas policyjnego pościgu za Tedem Tennenbaumem (podejrzanym numer jeden w śledztwie z 1994 roku).

THE NEW YORK REVIEW OF LETTERS

Steven Bergdorf

Redaktor *nowojorskiego* magazynu *"Letters"* jest tchórzem, hipokrytą i słabeuszem. Wpada w piekielną spiralę miłości ze swoją młodą kochanką Alicją: zabiera ją do Orfeusza tylko z pierwotnym zamiarem zamordowania jej, by się jej pozbyć. Jednak ciągle zmienia zdanie i ujawnia niestabilny charakter. Ta sytuacja czyni go idealnym sprawcą morderstw z 1994 roku: jest gwałtowny, niekonsekwentny, nieporadny i szybko ogarnia wydarzenia.

Alice Filmore

Kapryśna, zadufana w sobie, przekonana, że jest autorką na dorobku, jej intencje wobec Stevena Bergdorfa są niejasne. Mówi, że go kocha, ale wydaje się, że wykorzystuje go bardziej jako środek do zdobycia dóbr materialnych lub jako środek do awansu zawodowego, ponieważ uważa, że jest on w stanie podnieść jej rękopis do statusu bestsellera.

Meta Ostrovski

Z zawodu krytyk, Ostrowski jest zatrudniony w *Rewii* od kilku lat. Jest niezwykle przepełniony sobą i swoją pozycją, aż do karykatury. Mimo to jego bezwarunkowa miłość do Meghan Padalin czyni go ujmującą postacią. Jest on również sponsorem książki Stephanie.

RODZINA EDEN

Dakota Eden

Dakota to notorycznie cierpiąca na depresję 19-latka, której życie rozpada się pod wpływem narkotyków. Urodzona dramatopisarka, nie pisze od czasu, gdy rok temu doprowadziła kolegę do samobójstwa.

Jerry Eden

Jerry, multimilioner, jest dyrektorem zarządzającym słynnej stacji telewizyjnej Channel 14 i przypadkowo ojcem Dakoty. Aby uchronić córkę przed rozbitkiem, postanawia zabrać ją do Orphei, aby doładowała się podczas wydarzeń z opowieści.

Tara Scalini

Tara jest przyjaciółką Dakoty z dzieciństwa, w której zakochała się jako nastolatka. Upokorzona przez Dakotę po wyznaniu jej miłości, zostaje w końcu znaleziona powieszona w swoim pokoju.

KLUCZOWE ZAGADNIENIA

GNIAZDO POWIEŚCI

Wiele punktów widzenia

Formalnie *The Disappearance of Stephanie Mailer* to powieść z szufladami, tzn. główna historia jest ozdobiona osadzonymi historiami pobocznymi, które stanowią tyle retrospekcji, ile różnych narracji. Rzeczywiście, jeśli przyjrzymy się sposobowi podziału powieści, można dostrzec pewien mechanizm: na każdy nowy rozdział nakładane jest imię bohatera, który użycza swojego punktu widzenia do dalszej historii. Aby maksymalnie doprecyzować narrację, powtarzają się trzy postacie narratorów: Jesse, Derek i Anna. Punkt widzenia Jessego jest najliczniej reprezentowany, co przyczynia się do uczynienia go bohaterem powieści; ponadto każdy z jego rozdziałów niesie ze sobą dodatkową informację: odliczanie do pierwszego dnia festiwalu.

Ale można też śledzić pierwszoosobowe narracje Stevena, Jerry'ego, Dakoty i Meghan. Struktura pozostaje jednak jasna, punkty widzenia odbijają się echem, a niektóre z nich dostarczają odpowiedzi na pytania zadane wcześniej przez innych bohaterów: na przykład rozdział Dakoty (s. 436) proponuje kontynuację rozdziału Jerry'ego i ujawnia, dlaczego "wszystko się zmieniło" (s. 332).

Wielokrotne retrospektywy

Tam, gdzie Jesse opowiada historię w pierwszej osobie, tę ze śledztwa z 2014 roku, narracje Anny i Dereka są zakotwiczone w konkretnej czasoprzestrzeni: Derek wspomina śledztwo z 1994 roku prowadzone z Jesse, natomiast Anna opowiada o swoim życiu w Nowym Jorku i przeprowadzce do Orphei między 2010 a 2014 rokiem. W te pierwszoosobowe fragmenty wplecione są również trzecioosobowe retrospekcje, które spoglądają na konkretny punkt w czasie, często przeżywany przez nieżyjących już bohaterów. Każda narracja zdaje się jednak zmierzać do jednego i tego samego punktu sublimacji, co sugeruje odliczanie rozdziałów (-7, -6, -5 itd.): "0 Wieczór pierwszy" (s. 469). Rzeczywiście, to właśnie w tym momencie dochodzi do kulminacji trzech głównych narracji Jessego, Anny i Dereka, z których każda jest zaangażowana w następujący sposób: "sobota 26 lipca 2014 roku [...] dzień, w którym wszystko wywróciło się do góry nogami". (s. 471), "Piątek 21 września 2012 r. Dzień, w którym wszystko się rozpadło". (s. 479), "Czwartek 13 października 1994 r. Dzień, w którym wszystko się zmieniło" (s. 483).

Ta mnogość wątków narracyjnych nadaje powieści szybki i żywy rytm, który wzmacniają liczne dialogi, nadając jej coraz bardziej kinematograficzny i wielopostaciowy wymiar: rzeczywiście, te wspomnienia pojawiające się tuż po dialogu ze świadkiem lub po informacji, którą postać przemilczała ze względu na swoje zakłopotanie, mają wszelkie znamiona hollywoodzkich *flashbacków*.

REFLEKSJA NA TEMAT PISANIA

Pismo wielopostaciowe

Powieść w swoim scenariuszowym wydaniu wytwarza kilka gatunków, które się przenikają i przeplatają. Wyróżnimy trzy odrębne gatunki, bo to one mają formalne wymogi pisania: oczywiście powieść, ale także teatr i pamiętnik. Tę ostatnią reprezentują zwłaszcza fragmenty dziennika Meghan Padalin (s. 558-560), które dodają dynamizmu pisaniu i narracji. Ćwiczenie jest jednak o tyle ciekawe, że te fragmenty, choć pisane w pierwszej osobie, nie używają tych samych środków enuncjacyjnych, co na przykład narracje Anny. Te ostatnie czyta się tak, jakby Anna kierowała je do nieświadomego czytelnika: poświęca czas na wyjaśnienie, uszczegółowienie, kontekstualizację, krótko mówiąc – na narrację. W przeciwieństwie do tego, pamiętniki Meghan są dostarczane takie, jakie są, całkowicie introspektywne, jak gdyby projektując czytelnika w rolę śledczego. Nie zawracają sobie głowy wyjaśnieniami i pozostają egocentrykami, o czym świadczy zdanie otwierające dzienniki: "Szczęśliwego Nowego Roku dla mnie. (p. 558).

Jeśli chodzi o teatr, to jest on bardzo obecny: można go czytać, oglądać i stanowi zestaw, którego sceną jest sama powieść. Dlatego opowiadanie otwiera opis oprawy nowej imprezy Orfeusza, który "tego wieczoru [...] zainaugurował swój pierwszy festiwal teatralny" (s. 9), niczym didaskalia kontekstualizujące scenę mającego nastąpić dramatu. Na potwierdzenie tej myśli warto zauważyć, że wydawnictwo De Fallois opatrzyło ją "Listą głównych postaci", z którą można zapoznać się na stronie 637, a która przypomina tę obowiązkową wzmiankę w każdym wydaniu teatru. Sztuka Kirka Harveya wchodzi więc w narrację jako sztuka w sztuce i wprowadza całe słownictwo i uniwersum dramatyczne, które wzmacnia ten temat. Wreszcie, często przywoływana jest sztuka *Wujaszek Wania* (jako że była to pierwsza sztuka wystawiona na festiwalu w 1994 roku) i ma służyć jako literackie odniesienie do autora lub jako hołd.

 ## WUJEK WANIA

Napisany przez Czechowa w 1897 roku *"Wujek Wania"* odniósł większy sukces niż początkowo przewidywał dramaturg. W sztuce występują bohaterowie zmęczeni życiem, w większości rozczarowani, którzy tęsknią za sobą i potencjalnym szczęściem, które mogłoby wynikać z ich spotkań. *Wujaszek Wania* jest przeróbką innej sztuki Czechowa napisanej w 1890 roku: **Człowiek w lesie**, która pierwotnie była komedią i została bardzo źle przyjęta przez krytykę: jej przekształcenie znacznie ją udramatyzowało.

Napisanie książki w otchłani

To zjawisko przenikania się książki pisanej pojawiającej się w książce czytanej jest tematem rozwijanym już przez Joela Dickera. W *"Prawdzie o Harrym Quebercie"* jego bohater (Marcus Goldman) jest pisarzem szukającym inspiracji do swojej drugiej powieści: kończy pisać przygodę, którą przeżywa. Tu nasi bohaterowie odkrywają, że "Stephanie poświęcała sprawie całą książkę" (s. 114), którą zatytułowała "Not Guilty"; co więcej, jest ona "ekscytująco napisana" (s. 115).

Tajemniczy sponsor książki Stephanie (dowiadujemy się później, że jest nim krytyk Meta Ostrovsky), obiecuje jej, że napisze "wspaniały kryminał" (s. 115), którym czytelnicy "będą się cieszyć" (s. 115): tyle pochlebnych recenzji dla powieści, którą mamy w rękach, a która ma tę samą fabułę! Ponadto interesująca jest postać krytyka: jego funkcje są bardzo często analizowane i przeciwstawiane "pomniejszej sztuce" (s. 133) pisania. Ostrowski deklaruje się jako "policja prawdy intelektualnej" (s. 133). Joel Dicker karykaturuje ten zawód, piętnując samowolne praktyki swojego bohatera, który pisze mordercze recenzje, nie otworzywszy nawet książek (s. 135). Kiedy Ostrowski staje się w sztuce aktorem, przechodzi swoistą metamorfozę i zyskuje pokorę, tak jakby autor, podobnie jak Kirk mścił się na Ostrowskim (ośmiesza go w swojej sztuce), mścił się również na wizerunku krytyka.

ŹRÓDŁA KOMEDII

Komedia charakteru

Meta Ostrovsky, poprzez tę przemianę, staje się komiczną postacią teatralną, jednak zalążki tego stanu miał już w sobie: gdy powierza mu się rolę krytyka, nie jest niczym innym, jak tylko przesadą i karykaturą, "ważny człowiek" (s. 133) czy *Bóg, ale na lepsze* (s. 136) to jego własne słowa na określenie siebie. Częste stosowanie swobodnego dyskursu pośredniego (strona 132 i strona 133) przyczynia się do uczynienia z niego postaci zniechęcającej, ale komicznej. Co więcej, jego obecność jest zawsze zauważana, o czym świadczą jego starania: nie mówi, ale "beczy" (s. 133), "krzyczy" (s. 337), a nawet "wyje jak potępieniec zbyt wysokim głosem" (s. 338).

Podobnie jak on, Guliwer "bełkocze" (s. 337) i robi z siebie głupka podczas występów, w których trzyma "wypchanego rosomaka" (s. 398), nosi spodnie i wykonuje sceniczny przewrót, który możemy sobie łatwo wyobrazić jako "żałosny" (s. 398), biorąc pod uwagę wygląd szefa policji, którego hardości dorównuje jedynie jego głupota. Jak jego przyziemna odpowiedź na zagadkę Anny ("Chcę pisać, ale nie potrafię. Kim jestem?" (s. 334): "Odpowiedź: pingwinem" (s. 335).

Komedia słów i gestów

Jeśli chodzi o Kirka Harveya, jest on z natury postacią teatralną: jego mechanika opiera się na mowie ustnej i cielesnej, nie składa się z niczego poza grandilokwencją i gestykulacją. Świadczy o tym jego pierwszy spektakl zatytułowany *I, Kirk Harvey,* w którym uważa, że może być zarówno reżyserem, autorem, jak i aktorem monologowej sztuki, w której jest jedynym bohaterem. Ten dysonans między jego ambicjami, poczuciem własnej wartości a wrażeniem, jakie wywiera na otoczeniu, tworzy notoryczną rozbieżność, a rozbieżność ta jest inkubatorem komizmu. Co więcej, rzeczowniki charakteryzujące go jako "wariata" (s. 269), "chodzący żart" (s. 316) czy nawet "starego głupca" z własnej woli (s. 350) składają się na barwny i bufonowaty obraz. Własne myśli Kirka odzwierciedlają jego zamiłowanie do przesady i emfazy: kiedy wewnętrznie gloszuje: "Oh dear glory, so long coveted, here you are at last" (s. 338), możemy zauważyć użycie wykrzyknika (który najczęściej puentuje jego zdania) lub lirycznego "oh", typowego tutaj dla poetyckiej lub tragicznej parodii.

Postacie te bowiem stanowią również wejście do komedii poprzez ich leksykalne wykorzystanie. Kirk na przykład nie waha się nazywać swoich krytyków i innych przeciwników kwiecistymi nazwami: obelgi takie jak "Trucizna!", "Batracian!" czy "żółć żołądkowa" (s. 262) nadają dialogowi burleskowy wymiar. Wtrącenia takie jak "Bigre" (s. 212) czy "Pfft!" (s. 213) również kłócą się z płynną zazwyczaj narracją. Przekształcenie nazwiska "Rosenberg" w "Leonberg" (s. 213) służy porównaniu policjanta z ogromnym, niezgrabnie wyglądającym psem, którego rasa nosi to nazwisko.

POŻYCZKA SYMBOLICZNA

Orphea i zejście do piekła

Ten zakotwiczony w konkrecie burleskowy superstrat współistnieje z symbolicznym substratem dotykającym metafizyki, zwłaszcza poprzez nazwy i nakładanie mitologicznego uniwersum na świat kryminału. "Orphea", na początek, nie wypiera się swojego związku z Orfeuszem, którego mit jest jednym z najbardziej przejmujących w starożytnej Grecji. Co więcej, Ted Tennenbaum wydaje się być świadomy tej paraleli, gdyż nazywa swoją kawiarnię Atena, w nawiązaniu do greckiej bogini wojny i wiedzy. I choć narracja nie rozwodzi się nad tym punktem, nie jest on przypadkowy; grecka przynależność jest dobrze stwierdzona, ponieważ furgonetka Teda nosi sowę, ptaka fetyszowego bogini, szczegół, który go zgubi.

To mitologiczne echo znajduje potwierdzenie w "przypominającej Sfinksa z Teb" (s. 334) zagadce, którą Anna zapisuje na tablicy magnetycznej, gdy śledczy kwestionują tożsamość tajemniczego sponsora książki Stephanie: "Chcę pisać, ale nie mogę. Kim jestem?" (s. 334).

 ## MIT EDYPA

Postać Sfinksa, skrzydlatego stworzenia o ciele lwicy i głowie kobiety, jest częścią mitu o Edypie, tragicznym bohaterze skazanym na zabicie ojca i poślubienie matki. Przybywając do bram Teb, Edyp staje twarzą w twarz z potworem, który terroryzuje miasto, pożerając każdego, kto nie rozwiąże jego zagadki. Oto ten, który proponuje Edypowi: "Co to za zwierzę, które rano ma cztery nogi, w południe dwie, a wieczorem trzy, i które jest tym bardziej powolne i bezbronne, że nie ma nóg?".

Odpowiedzią na tę słynną zagadkę jest "człowiek", który jako dziecko czołga się na czworakach, jako dorosły staje na dwóch nogach, a z wiekiem do chodzenia używa laski. Sfinks, pokonany przez Edypa, spieszy z urwiska, a bohater wkracza do Teb teraz wolny od stwora.

Rezonanse biblijne i wierzenia średniowieczne

Ponadto, jeśli "mail" oznacza czynność wysyłania, "mailer" byłby formą substantywną oznaczającą "posłańca", ta paralela łącząca Stephanie z postacią boga Hermesa. Posłaniec jest postacią powtarzającą się w mitologii, a także znajduje oddźwięk w religii katolickiej, gdzie prorocy i apostołowie są gwarantami słowa Bożego. A tym boskim słowem jest słowo Stephanie, która przyszła powiedzieć Jesse'emu "prawdę" (s. 19) w czasie teraźniejszym prawdy ogólnej: "Nie rozwiązał pan tej sprawy, kapitanie. (p. 19). Dziennikarka zostanie zamordowana: podobnie jak ona, najczęściej w Biblii, posłańcy są niezrozumiałymi wizjonerami przeznaczonymi do zakończenia jako męczennicy. Wśród nich zauważamy "Jeremiasza", imię jednej z ofiar z 1994 roku, co jest echem poprzedniej tezy. Wreszcie, przed samobójstwem Tary, rodzina Edenów żyje szczęśliwie w "rajskim ogrodzie" (s. 436), który jest nazwą ich letniej rezydencji. Ta gra słów sugeruje zarówno ich własne nazwisko, jak i biblijne odniesienie do wspaniałego ogrodu z Księgi Rodzaju. Ale każdy rajski ogród sugeruje winę, a potem upadek: Tara doprowadzona do samobójstwa przez Dakotę, potem powolne zejście Dakoty do piekła.

Piekło uosabia sztuka *La Nuit noire*, napisana przez Kirka Harveya, której sam tytuł jest zabarwiony apokaliptyczną symboliką. Były komendant policji wykorzystuje ten wymiar do promocji spektaklu w 1993 i 1994 roku: wypisuje na murach apokaliptyczne komunikaty (*"Wkrótce zacznie się ciemna noc"* [s. 162]) i w ten sposób tworzy prawdziwą plotkę o końcu świata, szeptaną z lękiem przez wszystkich mieszkańców Orfei. Co więcej, kiedy Alicja wpuszcza dziennikarza do sali prób, ostrzega go, poprawiając: to nie są "drzwi do teatru", to "drzwi do piekła" (s. 451). Wreszcie łaciński tekst wypowiadany w spektaklu przez Metę Ostrowskiego (*"Dies irae, dies illa,//solvet saeclum in favilla!"*) zaczerpnięty jest ze średniowiecznego poematu o inspiracji apokaliptycznej. Dla tego ostatniego symboliczne odniesienia to echa średniowiecza; by posłużyć się tylko jednym przykładem, postać Kirka przyjmuje rolę średniowiecznego szaleńca: szanowanego, bo będącego nosicielem prawdy.

DROGI DO REFLEKSJI

KILKA PYTAŃ DO DALSZEJ REFLEKSJI...

- Powieść ma tę osobliwość, że zaczyna się w rozdziale 7. Wyjaśnij tę cechę i jej znaczenie dla konstrukcji opowiadania.

- Już na stronie 270 pewien szczegół daje nam do zrozumienia, kim jest prawdziwa ofiara 30 lipca 1994 roku.

- Jak Kirk Harvey promuje swoją sztukę na pierwszym festiwalu teatralnym Orphea? Co jest kluczem do zrozumienia tego?

- Pole leksykalne teatr występuje w całej powieści; znajdź osiem terminów odnoszących się do tego uniwersum.

- Oprócz pamiętnika i teatru, jakie inne formy pisarskie inscenizuje powieść?

- Spójrz na fragment od strony 489 do 499. Jakie typy komedii są osadzone w tym rozdziale i jakie postacie są ich nosicielami?

- Z jakiego kraju pochodzi Natasza? Jakie są poszczególne elementy, które pozwalają to potwierdzić?

- Waszym zdaniem, jaki jest sens posiadania w kryminale takich postaci jak Dakota i Jerry?

ABY PÓJŚĆ DALEJ

WYDANIE REFERENCYJNE

La disparition de Stephanie Mailer, Paris, Éditions de Fallois, 2018.

BADANIA PORÓWNAWCZE

Atlas de la mythologie, Paris, Éditions Glénat, 2003.

KOUTCHOUMOFF L., "Joël Dicker, Genewczyk, lat 27, marzył o napisaniu wielkiej amerykańskiej powieści. Zrobił to", w *Le Temps,* 15 września 2012 r. Dostęp 18 października 2018 r.

https://www.letemps.ch/culture/joel-dicker-genevois-27-ans-revait-decrire-un-grand-roman-americain

Oficjalna strona Joela Dickera, "Biografia", w JoelDicker. Dostęp 18 października 2018 r.

https://joeldicker.com/biographie/

Chcemy usłyszeć od Ciebie, co się dzieje!
Zostaw komentarz na temat swojej internetowej biblioteki
i podziel się swoimi ulubionymi książkami w mediach społecznościowych!

www.50minutes.com

Master ISBN: 9782808693844
Papierowy ISBN: 9782808615242
Depozyt prawny: D/2023/12603/1804

Verhaal: © Primento

Projekt cyfrowy: Primento, cyfrowy partner wydawców.